CUISINER AVEC DE LA PÂTE À TARTINER MAISON C'EST SIMPLISSIME

garanti sans huile de palme, ni conservateurs

hachette
CUISINE

MODE D'EMPLOI

Pour ce livre, je pars du principe que vous avez chez vous :

- L'eau courante
- Une cuisinière
- Un réfrigérateur
- Un micro-ondes
- Une casserole
- Des moules à tartelettes
- Un moule à cake
- Une plaque à four
- Un plat à gratin
- Un couteau (bien aiguisé)
- Un batteur électrique

(Si ce n'est pas le cas c'est peut-être le moment d'investir !)

Cet ouvrage s'adresse à tous les inconditionnels – petits et grands – de la pâte à tartiner.
Se régaler sainement et sans culpabiliser avec de la pâte à tartiner, oui c'est possible, si vous la faites maison sans huile de palme, ni conservateurs !!! Je vous ai concocté des recettes où la pâte à tartiner est utilisée en quantités raisonnables et où elle est associée avec des fruits. Toutes les recettes de cet ouvrage sont simplissimes à réaliser – pas de geste technique, de 3 à 6 ingrédients facilement trouvables, un temps de préparation réduit et peu ou pas de matériel.

Quels ingrédients sont indispensables ?

- **La pâte à tartiner :** Bien entendu, dont je vous donne évidemment la recette en page 8.
- **Les fruits :** Dans cet ouvrage, ils sont à l'honneur et utilisés dans (presque) chaque recette. Privilégiez-les frais et de saison, mais s'il vous prend une envie de sandwichs chauds à la pâte à tartiner et fruits rouges en plein mois de novembre, n'hésitez pas à vous rabattre sur la version surgelée des fruits rouges.
- **L'épicerie de base :** De la farine, du sucre en poudre et du sucre glace, de la levure en sachets et quelques paquets de biscuits du commerce (palmiers, crêpes dentelle, cookies).

Mon tour de main simplissime

- Faites chauffer la pâte à tartiner 30 s – pas une de plus ni de moins – au micro-ondes (puissance 800 watts), pour l'étaler plus facilement et en napper vos préparations.

Quels gestes techniques

- **Monter les blancs d'œufs en neige :** Ajoutez une pincée de sel aux blancs d'œufs et utilisez un batteur électrique en faisant monter progressivement la puissance. Battez les blancs toujours dans le même sens pour ne pas les casser.
- **Peler un agrume à vif :** Coupez les 2 extémités du fruit et retirez avec un couteau l'écorce et la peau blanche en faisant glisser de haut en bas la lame entre la chair et l'écorce.
- **Lever les segments d'un agrume :** Une fois pelé à vif, détachez les segments de l'agrume et pressez la membrane restante dans vos mains pour récupérer le jus.

Il ne me reste plus qu'à vous souhaiter de très beaux moments de gourmandise en solo ou en famille.

SOMMAIRE

PÂTE À TARTINER MAISON

Lait concentré sucré
200 g

Chocolat noir
100 g

Beurre
150 g (mou)

Poudre de noisettes
50 g (facultatif)

Pour 1 pot

Préparation : 10 min
Cuisson : 10 min
Réfrigération : 4 h

- Faites fondre le **chocolat** et le **beurre** au bain-marie en remuant avec une spatule puis ajoutez le **lait concentré sucré** en fouettant. Versez dans un pot, réservez 4 h au frais et dégustez.
- Si vous le souhaitez, vous pouvez aussi ajouter 50 g de poudre de noisettes en même temps que le lait concentré.

PALMIERS AUX FRAMBOISES

Pâte à tartiner maison
8 cuil. à café

Palmiers
x 8

Framboises
x 24

Sucre glace

Préparation : 5 min

- Répartissez la **pâte à tartiner** et 3 **framboises** sur chaque **palmier**.
- Poudrez de **sucre glace** et dégustez.

FRUITS DE LA PASSION À LA PÂTE À TARTINER

Pâte à tartiner maison
8 cuil. à café

Fruits de la Passion
x 4

Framboises
x 8

Préparation : 5 min

- Coupez les **fruits de la Passion** en 2 et disposez-les dans 4 assiettes. Ajoutez 1 cuil. à café de **pâte à tartiner**.
- Décorez avec 1 **framboise** et dégustez.

POIRES POCHÉES À LA PÂTE À TARTINER

Pâte à tartiner maison
4 cuil. à café

Vin liquoreux
1 bouteille (75 cl)

Poires
x 4 (grosses)

Spéculoos
x 4

Préparation : 15 min
Cuisson : 45 min
Réfrigération : 1 h

- Épluchez les **poires** en gardant la queue. Faites-les cuire 45 min à feu doux dans le **vin**. Arrêtez le feu et laissez-les refroidir 1 h au frais dans le sirop
- Dressez les **poires** froides dans des assiettes creuses, ajoutez du sirop. Répartissez la **pâte à tartiner**, préalablement chauffée 30 s au micro-ondes, en filet sur les **poires**. Saupoudrez de **spéculoos** émiettés et dégustez.

SOUFFLÉS CACAO-NOISETTE

Pâte à tartiner maison
3 cuil. à soupe

Œufs
x 4

Beurre
10 g

Sucre en poudre
3 cuil. à soupe

Sucre glace

Préparation : 10 min
Cuisson : 20 min

• Poudrez de sucre glace et dégustez sans attendre.

• Préchauffez le four à 180°C. Beurrez 4 ramequins, saupoudrez de **sucre** en tapotant.

• Mélangez les **jaunes** avec la **pâte à tartiner**. Montez les **blancs** en neige, ajoutez 2 cuil. de **sucre** et fouettez 5 s de plus. Incorporez les **blancs** au mélange à la **pâte à tartiner**.

• Garnissez les ramequins aux ¾ et enfournez 20 min sans ouvrir le four.

TARTE SABLÉE AUX FIGUES

Pâte à tartiner maison
6 cuil. à soupe

Pâte sablée
x 1

Figues
x 12

Amandes effilées
125 g

Préparation : 10 min
Cuisson : 35 min

- Préchauffez le four à 180 °C.
- Déroulez la **pâte** dans un moule à tarte avec le papier cuisson. Étalez 2 cuil. à soupe de **pâte à tartiner** au fond de la pâte et répartissez les **figues** coupées en 4. Rabattez les bords, répartissez les **amandes** et enfournez 35 min.
- Ajoutez le reste de la **pâte à tartiner** en petits tas sur la tarte et dégustez.

CROQUANTS AUX FRAISES

Pâte à tartiner maison
8 cuil. à café

Fraises
x 16

Crêpes dentelle
x 16

Préparation : 5 min
Cuisson : 30 s

- Tartinez chaque **crêpe dentelle** d'une fine couche de **pâte à tartiner**, préalablement chauffée 30 s au micro-ondes.
- Répartissez les **fraises** coupées en 2 sur la moitié des **crêpes dentelle**.
- Montez en millefeuille et dégustez.

COOKIES FOURRÉS À LA PÂTE À TARTINER

Pâte à tartiner maison
8 cuil. à café

Noix de pécan
x 16

Cookies au chocolat
x 8

Préparation : 5 min

- Mélangez 4 cuil. à café de **pâte à tartiner** avec 12 **noix de pécan** concassées dans un saladier.
- Répartissez la préparation sur 4 **cookies**.
- Recouvrez d'1 autre **cookie**, répartissez le reste de **pâte à tartiner**.
- Décorez avec 1 **noix de pécan** et dégustez.

SANDWICHS CHAUDS À LA PÂTE À TARTINER

Pâte à tartiner maison
4 cuil. à soupe

Fruits rouges mélangés
2 barquettes

Brioche
8 tranches

Préparation : 5 min
Cuisson : 5 min

- Faites toaster les tranches de **brioche**.
- Tartinez 4 tranches avec la moitié de la **pâte à tartiner**, répartissez les **fruits rouges** en morceaux.
- Ajoutez le reste de **pâte à tartiner**, préalablement chauffée 30 s au micro-ondes.
- Refermez les sandwichs avec les tranches de **brioche** restantes et dégustez immédiatement.

CRÊPES AUX AMANDES AU FOUR

Pâte à tartiner maison
6 cuil. à soupe

Amandes effilées
3 cuil. à soupe

Crêpes
x 4

Poudre d'amandes
4 cuil. à soupe

Sucre glace
4 cuil. à café

Préparation : 5 min
Cuisson : 5 min

- Préchauffez le four à 200°C.
- Étalez 4 cuil. à soupe de **pâte à tartiner** et la **poudre d'amandes** sur les **crêpes**, repliez-les et déposez-les sur une plaque couverte de papier cuisson.
- Saupoudrez de **sucre glace** et d'**amandes effilées**. Enfournez 5 min. Dégustez les crêpes chaudes avec le reste de **pâte à tartiner**.

MACARONS GLACÉS

Pâte à tartiner maison
6 cuil. à soupe

Sucre en poudre
25 g

Sorbet à la framboise
6 cuil. à soupe

Sucre glace
100 g

Blancs d'œufs
x 2

Poudre d'amandes
25 g

: 6

Préparation : 10 min
Repos : 45 min
Cuisson : 9 min

- Montez les **blancs en neige** et incorporez la **poudre d'amandes** et les **sucres**. Déposez 12 tas de pâte sur une plaque. Laissez reposer 45 min à température ambiante.
- Préchauffez le four à 180°C. Enfournez 9 min et laissez refroidir.
- Mettez du **sorbet** et de la **pâte à tartiner** entre 2 macarons et dégustez.

FEUILLETÉS CROQUANTS

Pâte à tartiner maison
6 cuil. à soupe

Pâte feuilletée
x 1

Cookies au chocolat
x 4

: 4 à 6

Préparation : 10 min
Congélation : 30 min
Cuisson : 20 min

• Étalez 4 cuil. à soupe de **pâte à tartiner** sur la pâte, ajoutez les **cookies** concassés et roulez-la en serrant bien. Mettez-la 30 min au congélateur.
• Préchauffez le four à 180°C.
• Coupez le rouleau en tranches, disposez-les sur une plaque couverte de papier cuisson et enfournez 20 min. Répartissez le reste de **pâte à tartiner**, chauffée 30 s au micro-ondes.

CRUMBLE DE PÊCHES À LA PÂTE À TARTINER

Pâte à tartiner maison
8 cuil. à café (bombées)

Sucre en poudre
35 g

Beurre
50 g (mou)

Farine
50 g

Pêches au sirop
8 oreillons

Préparation : 15 min
Cuisson : 10 min

- Préchauffez le four à 180°C.
- Mélangez du bout des doigts le **beurre**, la **farine** et le **sucre**. Répartissez la pâte à crumble dans un plat et enfournez 10 min.
- Disposez 2 **oreillons de pêche** par assiette, garnissez-les avec 1 cuil. à café de **pâte à tartine**
- Parsemez de crumble émietté tiède et déguste

PIZZA PÂTE À TARTINER-MYRTILLES

Pâte à tartiner maison
5 cuil. à soupe

Pâte à pizza
x 1 (fraîche ou surgelée)

Myrtilles
1 barquette (125 g)

Préparation : 5 min
Cuisson : 25 min

- Préchauffez le four à 200 °C.
- Étalez la **pâte** sur une plaque couverte de papier cuisson. Recouvrez-la de 4 cuil. à soupe de **pâte à tartiner** et disposez les **myrtilles**. Enfournez 25 min.
- Faites chauffer 30 s le reste de **pâte à tartiner** au micro-ondes et répartissez-la en filet sur la tarte. Dégustez immédiatement.

BRICKS À LA MANGUE

Pâte à tartiner maison
5 cuil. à soupe

Feuilles de brick
x 4

Mangues
x 2

4 cuil. à soupe d'huile neutre

Préparation : 15 min
Cuisson : 25 min

- Préchauffez le four à 200°C.
- Épluchez et coupez la **mangue** en morceaux.
- Badigeonnez chaque **feuille de brick** avec 1 cuil. à soupe d'**huile**, répartissez la **mangue** au centre. Ajoutez 1 cuil. à soupe de **pâte à tartiner**. Refermez les bricks. Enfournez 25 min.
- Dégustez tiède avec le reste de **pâte à tartiner**.

MILLEFEUILLES À LA PÂTE À TARTINER

Pâte à tartiner maison
4 cuil. à soupe

Pâte feuilletée
x 1

Sucre en poudre
4 cuil. à soupe

Préparation : 10 min
Cuisson : 10 min

- Préchauffez le four à 180°C.
- Déroulez la **pâte feuilletée** sur une plaque avec le papier cuisson. Piquez la **pâte** avec une fourchette, saupoudrez de **sucre** et enfournez 10 min.
- Découpez le feuilleté en 16 morceaux. Intercalez de la **pâte à tartiner** entre les morceaux de **pâte feuilletée** et dégustez froid.

FEUILLETÉ BANANES-COCO-PÂTE À TARTINER

Pâte à tartiner maison
4 cuil. à soupe

Pâte feuilletée
x 1

Bananes
x 2

Noix de coco râpée
4 cuil. à soupe

Préparation : 5 min
Cuisson : 35 min

- Préchauffez le four à 200°C.
- Déroulez la **pâte** sur une plaque avec le papier cuisson. Répartissez les **bananes** en rondelles, 2 cuil. à soupe de **noix de coco** et 3 cuil. à soupe de **pâte à tartiner**. Roulez-la. Saupoudrez le reste de **coco** puis enfournez 35 min.
- Laissez refroidir, découpez en tranches épaisses et dégustez avec le reste de **pâte à tartiner**.

SALADE ORANGES-COCO

Pâte à tartiner maison
4 cuil. à café

Menthe
10 feuilles

Oranges
x 4 (grosses)

Lait de coco
10 cl

Préparation : 20 min
Réfrigération : 1h
Cuisson : 30 s

• Pelez les **oranges** à vif, levez les segments et pressez les membranes restantes pour récupérer le jus. Mélangez le jus des **oranges** avec le **lait de coco**. Réservez 1 h au frais.

• Au moment de déguster, répartissez le **lait de coco** dans des assiettes creuses, ajoutez les segments d'**orange**, la **menthe** et la **pâte à tartiner**, chauffée 30 s au micro-ondes.

CHOUX GLACÉS CAFÉ-PÂTE À TARTINER

Pâte à tartiner maison
4 cuil. à café

Chouquettes
x 8

Glace au café
8 boules

Préparation : 5 min
Cuisson : 30 s

- 5 min avant de servir, garnissez chaque **chouquette** avec 1 boule de **glace au café**.
- Faites chauffer la **pâte à tartiner** 30 s au micro-ondes et répartissez-la en filet sur les **chouquettes**.
- Dégustez immédiatement.

GÂTEAU ROULÉ CHOCO-FRAMBOISES

Pâte à tartiner maison
6 cuil. à soupe

Sucre en poudre
100 g

Framboises
1 barquette (125 g)

Farine
80 g

Œufs
x 3

Préparation : 10 min
Cuisson : 15 min
Réfrigération : 10 min

- Préchauffez le four à 150°C.
- Fouettez les **jaunes** avec le **sucre**, ajoutez la **farine**. Montez les **blancs** et incorporez-les.
- Étalez la pâte sur une plaque et enfournez 15 min. Démoulez sur une feuille humide, roulez en serrant et laissez refroidir. Déroulez et étalez **pâte à tartiner**, puis roulez de nouveau. Mettez au frais 10 min. Dégustez avec des **framboises**.

TARTELETTES CROQUANTES

Pâte à tartiner maison
8 cuil. à soupe

Sucre en poudre
35 g

Beurre
50 g (mou)

Farine
50 g

Pâte brisée
x 1

Préparation : 15 min
Cuisson : 28 min

- Préchauffez le four à 180°C.
- Mélangez du bout des doigts le **beurre**, la **farine** et le **sucre**. Répartissez la pâte à crumble dans un moule et enfournez 10 min. Découpez 4 disques de **pâte** de 12 cm de diamètre. Ajoutez 1 cuil. à soupe de **pâte à tartiner** et enfournez 18 min.
- Ajoutez 1 cuil. à soupe de **pâte à tartiner**, parsemez de crumble émietté et dégustez.

BOUCHÉES COCO À LA PÂTE À TARTINER

Pâte à tartiner maison
8 cuil. à café (bombées)

Noix de coco râpée
90 g

Blanc d'œuf
x 1

Sucre en poudre
60 g

Préparation : 15 min
Cuisson : 5 min

- Préchauffez le four à 210°C.
- Mélangez du bout des doigts le **blanc d'œuf** avec le **sucre** et la **noix de coco**.
- Formez 8 boules. Faites un creux avec votre doigt et enfournez 5 min sur une plaque couverte de papier cuisson.
- Déposez 1 cuil. à café de **pâte à tartiner** dans chaque creux et dégustez.

CLAFOUTIS AUX RAISINS

Pâte à tartiner maison
4 cuil. à soupe

Beurre
20 g

Raisin noir
1 grappe sans pépins (400 g

Sucre en poudre
20 g

Œufs
x 2

Lait
10 cl

Préparation : 10 min
Cuisson : 20 min

- Préchauffez le four à 180°C.
- Fouettez les **œufs** avec le **sucre** jusqu'à ce qu'ils blanchissent. Ajoutez le **lait** et le **beurre** fondu et 2 cuil. à soupe de **pâte à tartiner** puis mélangez. Versez la préparation et les grains de **raisin** dans un plat et enfournez 20 min.
- Ajoutez le reste de **pâte à tartiner**, chauffée 30 au micro-ondes, en petits tas au moment de servi

POMMES AU FOUR CHOCO-NOISETTES

Pâte à tartiner maison
6 cuil. à soupe

Pommes
x 4

Noisettes
2 cuil. à soupe

Préparation : 10 min
Cuisson : 35 min

- Préchauffez le four à 180°C.
- Coupez le chapeau des **pommes** et évidez-les.
- Remplissez-les d'1 cuil. à soupe de **pâte à tartiner** et enfournez 35 min.
- Laissez tiédir, répartissez le reste de **pâte à tartiner** dans les **pommes**, parsemez de **noisettes** concassées et dégustez immédiatement.

STRUDEL FRAISES-PÂTE À TARTINER

Pâte à tartiner maison
4 cuil. à soupe

Pâtes sablées
x 2

Fraises
1 barquette (250 g)

Sucre en poudre
2 cuil. à soupe

Noisettes
2 cuil. à soupe

: 4 à 6

Préparation : 5 min
Cuisson : 20 min

- Préchauffez le four à 180°C.
- Superposez les 2 **pâtes**. Posez les **fraises** en morceaux (sauf quelques-unes pour la déco), la moitié du **sucre** , les **noisettes** concassées et 2 cuil. à soupe de **pâte à tartiner**. Roulez l'ensemble. Saupoudrez du reste de **sucre** et enfournez 40 min, laissez refroidir. Dégustez avec le reste des **fraises** et de **pâte à tartiner**.

MUFFINS À LA PÂTE À TARTINER

Pâte à tartiner maison
16 cuil. à café

Farine
150 g

Œufs
x 3

Levure chimique
1 sachet

Lait
12,5 cl

Sucre en poudre
85 g

Préparation : 15 min
Cuisson : 20 min

- Préchauffez le four à 200°C.
- Mélangez la **farine**, la **levure** et le **sucre**. Ajoutez les **œufs**, puis le **lait**.
- Versez la moitié de la pâte dans 8 petits moules à muffins huilés. Ajoutez 1 cuil. à café de **pâte à tartiner** dans chaque moule. Versez le reste de la pâte et enfournez 20 min.
- Nappez du reste de **pâte à tartiner** et dégustez

INDEX DES RECETTES PAR INGRÉDIENT

58, rue Jean Bleuzen – 92178 Vanves Cedex

Pour l'éditeur, le principe est d'utiliser des papiers composés de fibres naturelles, renouvelables, recyclables et fabriqués à partir de bois issus de forêts qui adoptent un système d'aménagement durable. En outre, l'éditeur attend de ses fournisseurs de papier qu'ils s'inscrivent dans une démarche de certification environnementale reconnue.

Direction : Catherine Saunier-Talec
Responsable éditoriale : Céline Le Lamer
Conception graphique et mise en pages : Marie-Paule Jaulme et SKGD-Création
Photogravure : Nord Compo
Fabrication : Amélie Latsch
Responsable partenariats : Sophie Morier (smorier@hachette-livre.fr)

Dépôt légal : Novembre 2018
7079368/01
ISBN : 9782016261781
Imprimé en Espagne par Estella en Septembre 2018
www.hachette-pratique.com

PAPIER À BASE DE FIBRES CERTIFIÉES
0,4 kg q. CO_2
Rendez-vous sur www.hachette-durable.fr